Gib deiner Seele Schwingen
und deinem Herzen neue Kraft!

Erwache jeden Morgen
mit einem Lächeln!

Zeig der Welt die Liebe
in deinem Herzen.

G. A. Ulmer

Gib deiner Seele Schwingen und deinem Herzen neue Kraft!

Günter Albert Ulmer Verlag · Tuningen

Postfach 40
7201 Tuningen

Text, Farbaufnahmen,
Titel, Layout:
G. A. Ulmer, Tuningen

Dieses Buch entstand auf Anregung
und unter Mitarbeit von Frau Gertraud Radke,
der bekannten Ernährungstherapeutin,
die die bewährte Reisdiät durchführt.

ISBN 3-924191-58-1

Inhaltsverzeichnis

Einleitung

Liebe Leserin, lieber Leser,

wenn du die heutige Situation, in die du hineingeboren wurdest, betrachtest, könntest du versucht sein, alles grau in grau zu sehen. Vieles könnte dich bedrücken und belasten, könnte dich verzweifelt und mutlos machen. Doch du darfst nicht nur die Seite sehen, die von außen auf dich zukommt, du solltest auch die andere Seite betrachten, die Seite, die von dir selbst ausgeht. Hier hast du es persönlich in deiner Hand, deine Einstellung und dein Leben grundsätzlich positiv zu verändern und zu gestalten. Du darfst die Gewißheit haben, daß das Gute stärker ist als alles Negative.

Das Gute ist wie die Sonne. Wenn im Winter überall Kälte und Eis herrschen, die Sonne aber langsam anfängt zu scheinen, kann sie durch die Strahlenkraft ihrer Wärme das Eis langsam zum Schmelzen bringen. Dies geschieht nicht mit Gewalt, sondern einzig und allein durch die sich steigernde Wärme. Was aber ist Wärme? Wärme ist Schwingung. Je stärker die Schwingung ist, desto intensiver ist die Wärme.

Wirst du selbst genügend schwingungsfähig, dann kannst du auch das Eis um dich herum durch deine Herzenswärme zum Schmelzen bringen. Es kann ein geistiger Frühling für dich anbrechen. Blumen werden dir blühen, und du wirst in deinem Herzen fühlen, wie dir das geistige Paradies erscheint!

Gib deiner Seele Schwingen, damit du mitschwingen kannst mit den Kräften der Liebe, des Lebens, der Freude und der Glückseligkeit.

Wie oft haben Menschen schon äußere Probleme durch starke innere Herzenskräfte und den Glauben an das Gute überwinden können.

Dieser kleine Bildband will dich deshalb anregen, deiner Seele Schwingen und deinem Herzen neue Kraft zu geben. So kannst du ein sinnvolles und glückliches Leben selbst gestalten. Du wirst tief im Zentrum deines Wesens eine Kraftquelle finden. Wenn du diese Quelle an die Oberfläche strömen läßt, dann wird sie dein Herz erfüllen, deinen Körper, deinen Geist, dein Bewußtsein, ja dein ganzes Wesen. Sie wird von dir ausstrahlen in alle Richtungen und sie wird wieder auf dich zurückkommen.

Diese Tatsache hat schon der römische Kaiser Marc Aurelius vor fast 2000 Jahren erkannt, als er zum Ausdruck brachte:

„Blicke in dein Inneres! Da drinnen ist eine Quelle des Guten, die niemals aufhört zu sprudeln, solange du nicht aufhörst nachzugraben!"

*Suche
deine Zuflucht
in der
inneren Stille,
löse
deine Gedanken
von der
äußeren Welt –
und du empfindest,
wie Gott
die Strahlen seiner
Liebe und Güte
über dich
und das Universum
ergießt.*

Iranschähr

Löse dich von den Fesseln der Vergangenheit!

Der erste Schritt zu einer inneren Befreiung ist die Loslösung von den negativen Erinnerungen der Vergangenheit. Die Vergangenheit kann dich gefesselt halten, ohne daß du dir dessen bewußt wirst. Immer wieder kreisen deine Gedanken um negative Dinge, die sich früher abgespielt haben. Solche Gedanken erzeugen auch bei dir negative Gefühle. Löse dich deshalb von diesen Gedanken und damit von den Lasten der Vergangenheit. Schleppe doch nicht täglich geistige Bürden mit dir herum, die dich bedrücken und die dich nicht froh werden lassen.

Die Vergangenheit ist vorüber und abgeschlossen. Du kannst daran nichts mehr ändern, doch du kannst deine Gedanken über deine Vergangenheit ändern. Es ist nicht einzusehen, daß du dich in der Gegenwart selbst strafst, weil dich jemand in der Vergangenheit verletzt oder belastet hat. Natürlich mußt du, wenn du dich von der Last der Vergangenheit lösen willst, vergeben. Was aber hindert dich, zu vergeben?

Schon die Tatsache, daß du den guten Willen zur Vergebung aufbringst, ist der Anfang deines Heilvorganges. Wenn du einem anderen Menschen vergeben und ihn freigeben kannst, wirst du dadurch selbst auch frei. Verhältst du dich aber uneinsichtig, dann hältst du dich krampfhaft am Vergangenen fest und du trägst, wo

du gehst und stehst, geistige Lasten mit dir. Diese Bürden können Bedauern, Traurigkeit, Verletzung, Angst oder Schuld, Vorwurf, Ärger, Verdruß und Rache sein. Alle diese Lasten stammen aus dem Bereich des Nichtvergebens. Es ist deine Weigerung, etwas hinter dir zu lassen und dich nicht in die Gegenwart zu begeben.

Alles, was sich gestern, letztes Jahr, vor 10, 20 oder 40 Jahren ereignet hat, gehört doch der Vergangenheit an und ist für dich abgeschlossen. Es ist zwecklos, Vergangenes immer wieder aufzuwärmen. Wer in der Vergangenheit lebt, ist für die Zukunft verloren.

Zum Vergeben ist es nie zu spät; wenn du nicht vergibst, dann bleibt es in deinem Herzen Nacht. Kälte erfüllt deine Seele. Die Friedlosigkeit nagt an dir wie ein Krebsgeschwür. Dadurch bist du in großer Gefahr. Wenn du jedoch vergeben kannst, zieht Friede und Ruhe in dir ein. Es lichtet sich in deiner Seele, sie wird frei und beginnt zu schwingen. Irren ist menschlich, vergeben ist göttlich! Du wirst durch die Vergebung mit der Macht Gottes verbunden und damit mit der Quelle des Lebens.

Gott ist Liebe. Er ist immer für dich und nie gegen dich. Alles Positive und Schöne der Vergangenheit darfst du als eine wertvolle Erinnerung durch eine sich immer wieder erneuernde Dankbarkeit in die Zukunft übernehmen. Alles Positive in der Vergangenheit kann dir so auch als geistiges Kapital für eine sonnige Zukunft dienen. Gerade die Dankbarkeit kannst du zur täglichen Übung deines Herzens machen. Sie erfüllt deinen Geist mit Schwung und lichten Gedanken und nährt auch deine Seele. Sie löst eine Kettenreaktion der Freude aus.

Ja, in der Dankbarkeit liegt ein Stück vom Geheimnis des Lebens. Sie kann eine wirksame Medizin sein und einen wertvollen Beitrag leisten zur Gesundung deiner Seele. Je dankbarer du bist, um so mehr Blumen sprießen auf deinem Lebensweg.

Die Dankbarkeit schlägt tatsächlich eine goldene Brücke zur Vergangenheit, läßt dich in der Gegenwart glücklich und zufrieden werden und erfüllt die Tage deiner Zukunft mit Freude. Sie ist ein Generator auf dem Weg zur Freiheit.

Mit Dank zurück, mit stillem Hoffen
der sel'gen Zukunft zugewandt,
und Aug' und Herz für alles offen,
was der Allgütige gesandt,
so tret' ich wieder in das Leben
aus meines Grames Nacht hinein,
und was die dunkle Nacht gegeben,
begleitet mich im Sonnenschein.

Albert Zeller

Dein Glaube wird dir helfen!

Nach dem Ablegen der Lasten der Vergangenheit durch die Vergebung kann der zweite Schritt zur Auflösung deiner inneren Blockaden und deiner Zweifel die Entwicklung des Glaubens sein. Der Glaube ist gleichbedeutend mit Vertrauen und Zuversicht und gibt dir eine geistige Standfestigkeit. Doch der Glaube gründet sich nicht auf theoretische Erkenntnisse oder theologisches Wissen, sondern auf eine persönliche Herzensbindung an Gott. Er ist das Ergebnis deiner persönlichen Erfahrungen. Viele Menschen vertreten die Meinung: Glauben heißt nicht wissen. Genau das Gegenteil ist jedoch der Fall. Der Glaube ist ein genaues Erfahrungswissen, ein wahres Vertrauen in die Gesetze des Lebens, besonders in das Gesetz von Saat und Ernte.

Der Apostel Paulus erwähnt dies in seinem zweiten Brief an die Korinther: „Wer kärglich sät, wird kärglich ernten, wer reichlich sät, wird reichlich ernten." „Was ein Mensch sät, das wird er auch ernten." Der Glaube ist also eine Kraft, die fähig ist, immer eine positive Saat zu säen und auch die Zuversicht und Gewißheit zu haben, daß das Gute stärker ist als das Negative und schlußendlich siegen wird. Durch den Glauben entwickelst du dich zu einem realen Optimisten. Die Grundbedeutung des hebräischen Wortes für Glauben heißt „aman" und bedeutet eigentlich „das Wesentliche darstellen", zum Wesen vorstoßen, wobei als Grundgedanke mit-

schwingt: das Feste, Wahre, Zuverlässige, Treue. Im Englischen bedeutet Glaube „faith“. Dieses Wort wird auch für „Treue“ verwendet.

Der Glaube kann also zu einer unerschütterlichen Kraft der Treue und der Zuverlässigkeit werden, die dich in allen Lebenslagen sicher trägt. Der Glaube läßt dich Belastungen ertragen, an denen du sonst zerbrechen würdest. Fehlt dir der Glaube, kann dies dich müde, traurig und kraftlos machen.

Immer mehr Menschen scheitern heute in der totalen Orientierungslosigkeit, weil sie nicht wissen, was richtig und was falsch ist, was gut und was böse ist, was erstrebenswert und was nicht erstrebenswert ist.

Sie sind wie Schiffe, die ohne Steuer auf dem Ozean des Lebens ziellos dahintreiben. Gerade in solchen Situationen erweist sich der Glaube wie ein Kompaß, der die Richtung anzeigt, damit du dich selbst auch in der Nacht orientieren kannst. Der Glaubenskompaß erinnert dich an die Grundregel des Lebens: was von dir ausgeht, kehrt auch wieder zu dir zurück. In der Beachtung dieser Grundregel kannst du immer gut gestimmt sein und auch immer positiv handeln.

Wenn du Freude, Harmonie und Ausgeglichenheit in deinen Empfindungen entwickelst, wirst du sie auch in deinem Leben finden. Wenn du bereit bist, dir selbst gegenüber zu bestätigen, daß du liebst und auch liebenswert bist und daran festhältst, dann wird es sich auch für dich bewahrheiten. Das, was du glaubst, wird Wahrheit für dich!

Wenn du natürlich glaubst, daß das Leben Einsamkeit bedeutet und daß niemand dich liebt, dann wirst du auch genau dies finden. Es spielt keine Rolle, wie lange du ein negatives Verhaltensdenken hast. Die Hauptsache ist, du erkennst dies und beginnst, dein Denken zu verändern.

Dein geistiger Wohlstand beginnt damit, daß du positiv über dich selbst denkst. Deine Sicherheit sind weder dein Beruf, noch dein Bankkonto, noch deine Freunde. Deine Sicherheit ist deine innere Glaubenskraft, die dich mit allem versorgt, was du benötigst, außer natürlich, daß du dich entschlossen hast, das Gegenteil zu glauben. Verzögere aber nicht dein eigenes Wohlgefühl dadurch, daß du dich ärgerst oder daß du eifersüchtig bist, weil ein anderer mehr hat als du. Achte nur auf deine eigenen Gedanken und freue dich am Glück anderer, dann wirst auch du dein Glück finden.

Der ist der
Selbsterkenntnis
und
Selbstverwirklichung
am nächsten,
der mit seinem Schicksal
zufrieden und einig ist.
Denn die Zufriedenheit
ist die Fröhlichkeit
des Menschen
auch in der Bitterkeit
des täglichen Lebens.

Zun-Nun

Habe acht auf deine Gedanken!

Gedanken, die du denkst, sind wie Saatkörner, die sich langsam entfalten und zu Pflanzen werden. Diese Pflanzen bringen früher oder später Früchte. Ist es eine schlechte Saat, dann brauchst du dich nicht zu wundern, wenn die Ernte auch schlecht ausfällt.

In einem Lied heißt es: „Gedanken sind frei, wer kann sie erraten." Auf den ersten Blick sieht es schon so aus, als ob jeder einfach denken könne, was er wolle. Doch nach dem Gesetz des Lebens haben positive Gedanken ihre Auswirkungen, ebenso aber auch negative Gedanken. Die Auswirkungen deiner Gedankengänge gestalten deine Stimmung und formen auch deine Erfahrungen. Da deine Gedanken dein Leben und deinen Charakter formen, geht folglich auch dein Geschick oder dein Mißgeschick von deinen Gedanken aus. So kommen Gedanken der Sorge, des Ärgers, der Aufregung und der Rache wieder auf dich zurück. „Wer den Stein in die Höhe wirft, dem fällt er auf den Kopf", lautet eine Volksweisheit.

Ein Leben der Freude ergibt sich durch freudvolle Gedanken, ein Leben voll Erfolg und Wohlstand durch erfolgreiche Gedanken und ein Leben der Harmonie und der Liebe durch liebevolle Gedanken.

Wenn du dein negatives Denken veränderst, wirst du auch keine negativen Gefühle mehr haben. Von diesem Augenblick an beginnst du frei und glücklich zu werden. Der Fluß positiver Gedanken bereichert dein Bewußtsein.

Gott selbst sagt durch den Propheten Jeremias: „Ich weiß, was ich für Gedanken über euch habe, Gedanken des Friedens und nicht des Leides, euch eine Zukunft und Hoffnung zu geben." Diesen Gedanken des Friedens kannst du dich anschließen.

Gott gibt dir volle Unterstützung bei jedem guten Gedanken, den du nach deiner Entscheidung denkst und glaubst. Es ist eine Lebensmacht, die viel stärker ist als du und die dich jeden Moment des Tages durchströmen will.

Nun ist es ganz wichtig, für welche Gedanken, Überzeugungen und Aussagen du dich heute entscheidest. Verurteile niemals einen Menschen, der nach einer bestimmten Regel sein Leben lebt. Wenn er mehr Verständnis und Bewußtsein hätte, dann würde er sich vielleicht ändern und eventuell auch anders handeln. Jeder tut nach seinem Vermögen sein Bestes.

Es stellt sich dir die Frage: sind meine Gedanken negativ oder positiv? Es ist sehr wichtig, daß du alle negativen Gedanken und Überzeugungen loslassen kannst, da sie dich nicht unterstützen und dir keine Kraft geben. Ganz im Gegenteil, sie schwächen dich und machen dich krank. Mit dem neuen Bewußtsein aber bist du bereit, eine positive Veränderung in deinem Leben zu vollziehen.

Allein du bestimmst über deine Gedanken. Niemand kann dich hier hindern oder beeinflussen. Wenn du dich ehrlich bemühst,

ICH BIN DIE MACHT IN MEINEM LEBEN!

kannst du dein Denken so einsetzen, daß sich eine positive Stimmung und positive Erfahrungen entwickeln können.

Ein verändertes Denken verändert auch deine Erfahrungen. Du kannst selbst feststellen, wie sich dein Leben positiv entwickeln wird, denn die Gedanken von heute werden dein Leben von heute und auch dein Leben von morgen bestimmen.

Bringe Sonne in dein Leben!

Die Sonne ist der große Energiespender für das Leben. Mit Hilfe des Sonnenlichts produzieren die grünen Pflanzen aus Kohlendioxid, Mineralsalzen und Wasser die Nahrung für Mensch und Tier und geben dabei noch den Sauerstoff ab. Ohne Sonne gäbe es kein Leben, kein Wachstum, keine Ernte, keine Früchte, kein Brot. Alles wäre kalt und öde.

Genau so wichtig, wie die Sonne für die Natur, ist die geistige Sonne für dein Leben.

Wie die Wärme ist auch das Licht Schwingung. Je intensiver diese Schwingung ist, desto heller strahlt das Licht. Durch die Herzensschwingung der Dankbarkeit strahlt die geistige Sonne in dein Leben. Je größer deine Schwingung der Dankbarkeit ist, desto mehr Sonne wirst du haben. Die Dankbarkeit schließt den Kreislauf auf, der das Leben ermöglicht und dein Leben sonnig macht, dich durchwärmt und deinen Lebensweg erhellt.

Durch die Dankbarkeit entsteht also der geistige Kreislauf. Im Danken nimmst du die Gabe des anderen an und bestätigst sie. Danken kann selber wieder ein Geschenk werden für den anderen. Wenn du Güte und Wohltaten empfängst, kannst du auch wieder Güte und Wohltaten erweisen. In diesem harmonischen Verhältnis von Nehmen und Geben besteht ein Kreislauf, der das Gleichgewicht und die Harmonie hervorbringt.

Die Dankbarkeit führt dich zu einem feinen inneren Empfinden, macht dich positiv und freudig und den Mitmenschen zugewandt. Die Dankbarkeit führt dich an die Erkenntnis vom eigentlichen „Sinn des Lebens“ heran. Es ist das Erleben der Treue von Mensch zu Mensch und zum Schöpfer aller Dinge. Durch die Dankbarkeit kannst du auch die Gaben des Lebens, die meist sonst gar nicht erkannt werden, freudig empfinden.

Wenn der Kreislauf unterbrochen wird, verkümmert dein Leben. Die Undankbarkeit führt zur Gefühllosigkeit und zur Härte, die automatisch jedes Zusammenleben belasten.

Dank kannst du nicht kaufen. Er ist eine ganz persönliche Angelegenheit. Du kannst aber für so viele Dinge danken, auch für jeden Tag, den du erleben darfst; nichts ist selbstverständlich.

Eine intensiv entwickelte Dankbarkeit und Wertschätzung sind eine Quelle für positive, edle und belebende Empfindungen. In ihr liegen die Schwingungen der Seele. Alle Kräfte des Herzens laufen hier zusammen, sie erfüllen den Geist mit belebenden Gedanken. Die Dankbarkeit trägt also die Freude und die Sonne in dein Leben. Du selbst aber bestimmst die Kraft und Stärke dieser Sonne, entsprechend deiner Fähigkeit, wahrhaft dankbar zu sein.

Wenn du in einer schlechten Stimmung bist, es um dich trübe ist und du dich auf die Wohltaten, die du empfangen hast, besinnst, dann kannst du fühlen, wie es langsam wieder hell und sonnig wird und das Glück in dein Herz einzieht. So können auch Wohltaten, die dir vor Jahren erwiesen wurden, heute noch Sonne geben und dich glücklich machen.

Mein Dank

Für alles, was Du Gott mir gibst,
sei Dir der Dank, daß Du mich liebst,
daß Deine Güte mir den Weg bestellt,
daß Deine Huld mich immer froh erhält,
daß Deine Gnade mich mit Trost erfüllt,
und Deine Wahrheit all mein Sehnen stillt,
daß Du mir öffnest die verschloss'ne Tür.
Von ganzem Herzen dank ich Dir dafür!

Für jede Blume, die an meinem Wege blüht,
für jeden Vogel, der mir singt sein Jubellied,
für das empfund'ne wahre Lebensglück,
für jeden freudevollen Augenblick,
für Deinen Arm, der mich durch alles trägt
und für Dein Vaterherz, das immer für mich schlägt,
für Dein Erbarmen, das Du stets beweist an mir.
Von ganzem Herzen dank ich Dir dafür.

G. A. Ulmer

Laß die Wolken ziehen und gehe deinen Weg!

Natürlich wird es in deinem Leben immer wieder Wolken geben, die die Sonne daran hindern, auf deinen Weg zu scheinen. Laß einfach die Wolken vorüberziehen, weil du genau weißt, daß über ihnen doch die Sonne scheint. Wichtig ist, daß du das Wesentliche im Auge hast, dann kannst du die Nebensächlichkeiten sich selbst überlassen. Es gibt so viele Dinge, die du ruhig auf sich beruhen lassen kannst, weil sie von selbst wieder verschwinden oder sich von selber lösen.

Wenn du dich mit anderen Menschen vergleichst, dann denke daran, daß es immer jemanden geben wird, der größer ist oder der geringer ist als du. Lerne dich selbst zu erkennen und auch zu dir selbst zu kommen. Werde der, der du bist. Sei du selbst! In jedem Menschen steckt ein Original. Freue dich über deine eigenen Leistungen, wie auch über deine Pläne.

Wenn dich jemand aufregt, dann versuche einmal herauszufinden, was dir an diesem Menschen nicht gefällt und was nach deiner Meinung geändert werden sollte. Dann schaue in dich hinein und stelle dir selbst die Frage: „Wo bin ich genau so und wann tue ich dieselben Dinge?“ Frage dich selbst, ob du gewillt bist, dich zu verändern. Es ist nutzlos, jemandem die Schuld zuzuweisen. Deine Kraft wird vergeudet. Behalte deine Kraft. Ohne Kraft kannst du keine Veränderung erzielen.

Wenn du nur die guten Eigenschaften im anderen siehst, wird er sie auch dir gegenüber zeigen, gleichgültig wie er sich auch anderen gegenüber verhält.

Auch wenn du vielleicht von jemand verleumdet wirst oder Menschen schlecht über dich sprechen, denke daran, was der Dichter sagt:

„Höre nicht, was Menschen sagen,
tue ruhig deine Pflicht;
Gott wird nicht die Menschen fragen,
wenn er dir dein Urteil spricht.“

Trachte nicht nur nach dem, was dir willkommen ist und was dich beglückt. Auch im Schweren und im Schmerzlichen kann ein Sinn zur Reife, zur Weisheit und zur Liebe liegen. Es kommt nicht in erster Linie darauf an, daß du dich fragst, was das Leben dir bietet, sondern vielmehr darauf, wie du das Beste aus dem machst, was das Leben dir bietet.

Beunruhige dich nicht. Viele Befürchtungen sind meist Folgen von Erschöpfung und Einsamkeit. Gehe ruhig und gelassen deinen Weg durch den Lärm und die Hast der Zeit. Sei gewiß, daß die Kraft des Geistes dich schützt und dir beisteht. Erhalte dir unbedingt immer den Frieden der Seele in dem Bewußtsein, daß Gott hinter dir steht und dich nie fallen läßt. Er versichert auch dir persönlich durch den Propheten Jesaja: „Mögen Berge weichen und Hügel hinfallen, aber meine Gnade und Huld soll nicht von dir weichen

Jesus knows I am right !

und der Bund meines Friedens soll nie gebrochen werden." Diese Zusicherung läßt dich in allen Lagen optimistisch sein und läßt dich immer aufrecht bleiben. Sorge jedoch dafür, daß die Sonne der Dankbarkeit stets dein Herz erfüllt und dein Glaube dich durch alles hindurchträgt.

Nicht alles geht im Leben glatt, es geht auch manches schief.
Wohl dem, der dann Courage hat und bleibt nicht lang im Tief.

Was gestern war, ist heut vorbei, laß morgen, morgen sein.
Denk nicht an Müh und Schinderei, denk an den Sonnenschein.

Mach's wie die alte Sonnenuhr und sonne dich im Licht.
Merk dir die schönen Stunden nur, die andern zählen nicht.

Sei doch ein wahrer Optimist, verzage nicht so schnell.
Wenn's um dich einmal dunkel ist, es wird schon wieder hell.

Schau dir die vielen Blumen an, die alle für dich blühn.
Was gehen dich die Wolken an, laß sie doch weiterziehn.

G. A. Ulmer

Höre auf die Botschaft deines Körpers!

Dein Körper spricht immer zu dir, wenn du dir Zeit nimmst, auf ihn zu hören. Deine Art und Weise des Denkens und Sprechens ruft bei dir Wohlsein oder Unwohlsein hervor. Durch das, was du denkst und dir im Geiste vorstellst, kannst du deinen Körper schwächen oder stärken.

Nehmen wir als Beispiel dein Immunsystem. Dein Immunsystem ist für den Erhalt deiner Gesundheit besonders heute, wo wir in einer Welt voller Bakterien, Viren, Pilze und vieler Gifte leben müssen, von entscheidender Bedeutung.

Die Nerven führen vom Gehirn direkt in die Thymusdrüse, in die Milz und in die Lymphknoten, wo die verschiedenartigen weißen Blutkörperchen, die als Polizei des Körpers funktionieren, stationiert sind. Erfolgt im Körper ein Angriff von Bakterien, kann das Gehirn über den direkten Draht die Abwehr mobilisieren. Da diese Funktionen vom Gehirn gesteuert werden, werden sie auch über das Gehirn beeinflußt. So sind positive Gedanken und Gefühle fähig, das Immunsystem zu stärken, während negative Einflüsse es schwächen und direkt blockieren können.

Wenn dein negatives Denken und Empfinden längere Zeit anhält, wird dein Drüsensystem überreizt und der Abwehrmechanismus deines Körpers gerät durcheinander. Deine Widerstandskraft kann erlöschen. Deine Gesundheit hängt also wesentlich von deinen positiven Gefühlen ab.

Nehmen wir noch ein zweites Beispiel. Deine Nieren reinigen und filtern in jeder Stunde zweimal das gesamte Blut deines Körpers und befreien es von seinen Giften und Rückständen. Wenn aber sehr negative Einflüsse deine Psyche belasten, wirkt sich dies auch auf die Beschaffenheit deines Blutes aus. Durch deine Nervenspannungen wird das Blut stärker verunreinigt. So besteht die Gefahr, daß deine Nieren „müde“ werden, wenn dieser Zustand länger andauert. Bei Nierenerkrankungen liegen meist auch Störungen durch seelischen Kummer in der Beziehung mit anderen Menschen vor.

Wenn du ständig Kritik übst, zweifelst, Angst hast, negativen Gedanken nachhängst, nur traurig und unzufrieden bist, dann hältst du deinen Körper in Abwehr und Spannung. Dies wird auf die Dauer sowohl dein Immunsystem als auch deine Nerven verschleißen. Wie gesagt, kannst du doch durch positive Gedanken, durch Entspannung und gute Stimmung die Abwehrkräfte deines Körpers stärken.

Krankheiten können auch entstehen durch einen Zustand des „Nicht-Vergebens“. Vergebung kostet natürlich viel, aber sie ist ihren Preis wert. Vergeben heißt neues Leben und neue Freude wecken. Vergebung ist der Weg zur Liebe.

Wenn du an irgend einem Teil deines Körpers einen Schmerz empfindest, so will der Körper dich aufmerksam machen, daß etwas nicht stimmt. Natürlich kannst du den Schmerz durch Tabletten beruhigen, aber wenn du die Ursache nicht behebst, wird er sich vielleicht sogar verstärkt bald wieder melden. Der Schmerz ist ein

Signal deines Körpers an dich, in deiner Denk- und Lebensweise etwas zu ändern oder dich in eine therapeutische Behandlung zu begeben. Wenn der Mangel behoben ist, entsteht sicher eine neue, wertvollere Gesundheit.

Krankheit ist immer eine Beeinträchtigung des ganzen Menschen. So gesehen gibt es nicht verschiedene Krankheiten, sondern nur eine Krankheit, die sich durch verschiedene Symptome äußert, wie es auch nur eine Gesundheit gibt. Kranksein und Gesundsein ist eine Frage des seelischen und körperlichen Gleichgewichts, der inneren Harmonie und des Ausgleichs der Gegensätze.

Dein körperliches Gleichgewicht hängt auch wesentlich von einer geeigneten Nahrungsaufnahme ab. Viele Krankheitssymptome haben ihren Ursprung in Stoffwechselstörungen, die durch Fehlernährung, besser gesagt, durch eine falsche Ernährung, hervorgerufen werden. Deine Nahrung soll deshalb den Bedürfnissen deines Körpers entsprechen. Dein Körper kann nicht zaubern. Stoffe, die er dringend braucht, die du ihm aber durch die Nahrung nicht gibst, fehlen ihm einfach. Genauso verhängnisvoll ist ein Zuviel von Stoffen, die dein Körper nicht verarbeiten kann. Deshalb sollst du sowohl geistig wie auch materiell gut für deinen Körper sorgen.

Eine wertvolle Hilfe ist es für dich, deinen Körper zu entspannen. Entspannen kannst du lernen. Setze dich nur einmal, wenn dir ängstlich oder beklommen zumute ist, in einen bequemen Sessel und atme langsam tief ein und aus. Durch kontrollierte Atmung kannst du die Angst abbauen. Denke an etwas Positives. Anschließend kannst du durch Bewegung deine Kräfte wieder voll aktivieren.

Entspannt, gesammelt und friedvoll zu sein, bedeutet stark und sicher zu sein. Du schaffst deine Erfahrungen, deine Wirklichkeit, wenn du in deinem Bewußtsein Frieden, Harmonie und Ausgeglichenheit entwickelst. Dann wirst du sie auch in deinem Leben finden. So kannst du Disharmonie in Harmonie, Leid und Schmerz in Gesundheit und neue Kraft verwandeln. Doch denke daran, daß du nichts mit Gewalt erreichen kannst, sondern durch die intensiven Schwingungen deiner Seele.

Nimm dir Zeit zum Arbeiten –
es ist der Preis des Erfolges.
Nimm dir Zeit zum Denken –
es ist die Quelle der Kraft.
Nimm dir Zeit zum Spielen –
es ist das Geheimnis ewiger Jugend.
Nimm dir Zeit zum Lesen –
es ist der Brunnen der Weisheit.
Nimm dir Zeit zum Träumen –
es bringt dich den Sternen näher.
Nimm dir Zeit, zu lieben und
geliebt zu werden –
es ist der wahre Reichtum des Lebens.
Nimm dir Zeit, dich umzuschauen –
der Tag ist zu kurz,
um selbstsüchtig zu sein.
Nimm dir Zeit zum Lachen –
es ist die Musik der Seele.
Nimm dir Zeit, freundlich zu sein –
es ist der Weg zum Glück.

(nach einam alten irischen Gebet)

Es ist ein Gesetz im Leben:
Wenn sich eine Tür vor uns schließt,
öffnet sich dafür eine andere.
Die Tragik ist jedoch die,
daß man nach der geschlossenen Tür blickt
und die geöffnete nicht beachtet.

Andre Gide

Gott gebe mir die Gelassenheit,
Dinge hinzunehmen,
die ich nicht ändern kann,
den Mut, Dinge zu ändern,
die ich ändern kann
und die Weisheit,
das eine vom andern zu unterscheiden.

Fr. Chr. Oetinger

Die Jugend ist nicht ein Abschnitt des Lebens.
Sie ist ein Zustand der Seele,
der in einer bestimmten Form des Willens besteht,
in einer Bereitschaft zur Phantasie
und in einer gefühlsmäßigen Kraft,
im Überwiegen des Mutes über die Zaghaftigkeit
und der Abenteuerlust über die Liebe zur Bequemlichkeit.

Jungsein bedeutet, mit sechzig oder siebzig Jahren
die Liebe zum Wunderbaren bewahren;
das Erstaunen für die leuchtenden Dinge,
die strahlenden Gedanken und den kühnen Glauben,
den man den Ereignissen entgegenbringt.

Wir werden solange jung sein,
wie unsere Herzen die Botschaft der Schönheit,
der Kühnheit und des Mutes aufnehmen werden.
Die Botschaft der Größe und der Stärke,
die uns von der Welt, einem Menschen
oder der Unendlichkeit geschenkt werden.

(Verfasser unbekannt, auf einer Tafel in einem Park nahe Mantua)

Lebe im Heute und sage ja zum Leben!

So, wie täglich das Morgenrot für dich ein einmaliges Erlebnis sein kann, bei dem du die Geburt des Lichtes erlebst, so ist auch jeder Tag ein frischer Anfang, mit dem du das Leben neu beginnen kannst. Im wahren Sinne gibt es eigentlich weder Vergangenheit noch Zukunft. Du erlebst immer nur die Gegenwart. Natürlich hat das Vergangene seinen Wert, wenn du aus ihm gelernt hast. Und vor dem Zukünftigen brauchst du dir keine Sorgen zu machen, denn dein Morgen wird ja durch dein Heute bestimmt.

Johann Caspar Lavater sagte schon: „Jeder Tag ist ein Lehrer, der lehrt, was kein anderer Tag lehrt." Jeder Tag kann dir neue Klarheiten, neue Einsichten geben und neue Kräfte bringen. Nimm dir Zeit, in jedem Augenblick glücklich zu sein. Laß deine Augen die Blumen schauen und laß deine Ohren hören, wie die Vögel singen und laß deine Gedanken schwingen mit dem Rhythmus der Gestirne und der ewigen Harmonie des Weltalls. Gib deinem Leben einen Inhalt.

Um wirklich zu leben, mußt du im „HEUTE" leben, sonst ist der Tag für dich verloren. Verdüstere deinen Geist nicht mit den Sorgen für morgen und beschwere dein Herz nicht mit dem Elend von gestern, es sei denn, du denkst an das Gute von gestern und träumst von den schönen Dingen, die morgen Wirklichkeit werden können.

Verbinde dich täglich mit deinem Schöpfer und ziehe deine Zuversicht aus dem Gebet. Im Gebet kannst du dich mit der unerschöpflichen Triebkraft, die das Weltall kreisen läßt, verbinden. Wenn du das Leben bejahen willst, sollst du auch den Schöpfer bejahen, der das Leben gegeben hat. Dies ermöglicht dir die volle Entwicklung deiner Persönlichkeit.

Im Gebet erreichst du völlige harmonische Einheit von Körper, Seele und Geist. Hier kommst du Gott, dem Schöpfer aller Dinge, ganz nahe. Er ist der Inbegriff höchster Liebe, Weisheit, Schönheit und Kraft. Das Ziel deines Betens bleibt vielleicht deinem Verstand verborgen, aber du wirst erleben, daß in dein tägliches Leben dir ein steter Kraftstrom aus dem Gebet zufließt, der dir, wenn du auch ein schwankendes Rohr bist, eine unerschütterliche Stärke verleihen kann.

Du kannst überall beten. Beten ist eine ebenso wirkliche Kraft wie die Schwerkraft der Erde. Recht beten ist eine Lebensform, recht leben eine Form von Gebet. Beten ist also nicht nur ein Bekenntnis der Lippen, sondern auch ein Bekenntnis des Herzens.

Nimm dir Zeit zu beten, dann bist du fähig, aus der Lebensquelle immer neue Kraft zu schöpfen.

„Laß mich nicht bitten,
vor Gefahr bewahrt zu werden,
sondern ihr furchtlos zu begegnen.
Laß mich nicht
das Ende der Schmerzen erflehen,
sondern das Herz, das sie besiegt.
Laß mich auf dem Kampffeld des Lebens
nicht nach Verbündeten suchen,
sondern nach meiner eigenen Stärke.
Laß mich nicht in Sorge und Furcht
nach Rettung rufen, sondern hoffen,
daß ich Geduld habe,
bis meine Freiheit errungen ist.
Gewähre mir, daß ich kein Feigling sei,
der seine Gnade nur im Erfolg erkennt.
Laß mich aber den Halt deiner Hand fühlen,
wenn ich versage.“

Tagore

Liebe deinen Nächsten wie dich selbst!

Von unserer Bestimmung her sind wir Menschen zum Gemeinschaftsleben geboren. Schon im Schöpfungsbericht heißt es: „Es ist nicht gut, daß der Mensch allein sei." Gerade das Zusammenleben kann aber durch die Selbstsucht auch zu einer Quelle großer Schwierigkeiten und Konflikte werden. Damit das Leben lebenswert wird, wurde das göttliche Gebot der Nächstenliebe gegeben. Dort heißt es nicht, liebe deinen Nächsten statt dich selbst, sondern wie dich selbst.

Es geht also sowohl um Nächstenliebe wie auch um Selbstliebe und Selbstfindung. Nur wenn du dein Selbst gefunden hast, kannst du es im Dienst am Nächsten auch loslassen und selbst-los werden. Hast du es aber nicht gefunden, dann bist du ewig auf der Suche nach deinem Selbst und bleibst selbst-süchtig. Aus dem Nichtfinden deines Selbst erwachsen viele andere Süchte. Es können sich daraus sehr unglückliche Lagen für dich ergeben.

Alle Süchte sind Folgen mangelnder Selbstfindung. Doch wie findest du dein Selbst? Martin Buber sagt: „Der Mensch wird am Du zum Ich". In der Zuwendung zum anderen wirst du herausgefordert. Dadurch kannst du Talente und Fähigkeiten entfalten und geistig wachsen. Ohne Zuwendung zum Nächsten aber verkümmert dein wahres Ich.

Lieben heißt auch annehmen. Den anderen annehmen bedeutet, wie es Otto Flake gemeint hat: „Liebe ist der Entschluß, das Ganze eines Menschen zu bejahen, die Einzelheiten mögen sein, wie sie wollen“.

Aber wie willst du den anderen annehmen wie er ist, auch mit seinen Fehlern und Schwächen, wenn du dich selbst nicht angenommen hast, wie du bist? Die Nächstenliebe fordert nicht, das eigene Ich zu vergessen. Doch du kannst nur lernen, dich selbst zu lieben, wenn du auch gelernt hast, dich lieben zu lassen. Du kannst dich nur annehmen, wenn du selbst angenommen bist.

Dafür bietet sich Christus an, der uns einlädt: „Kommt her zu mir, die ihr mühselig und belastet seid, ich will euch erquicken und euren Seelen Ruhe geben“. Wenn du dich von Christus finden und annehmen läßt, dann findest du auch zu dir selbst.

Jesus war sich seines Ichs wohl bewußt und überzeugt. Er sagte: „Ich bin der Weg, die Wahrheit und das Leben“. Es geht hier um das „Ich bin“. Es handelt sich nicht in erster Linie darum, etwas zu haben, sondern darum, etwas zu sein. Das „Haben“ kannst du schnell verlieren, aber das „Sein“ ist dein Eigentum. Es ist dein persönlicher Reichtum, den dir niemand rauben kann.

Weil Jesus sich selbst liebte, war er selbstlos und konnte auch die Menschen lieben, wie sich selbst. Selbstannahme und Selbstlosigkeit stehen in engem Zusammenhang.

Doch die Liebe ist mehr als nur Annahme. Wenn du empfangene Liebe nur sammelst und nicht weitergibst, wird dein Vorrat bald zu Ende sein. In dem Maße, wie du liebst, wirst du auch wieder geliebt werden.

Nur im gegenseitigen Dienen kann die Liebe wachsen und in dir lebendig bleiben und kreisen. Dienende Liebe macht dich schöpferisch, verjüngt dich und führt dich zur Treue. Ein glückliches, positives und harmonisches Leben braucht die Liebe als tragende Kraft. Sie schenkt dir tägliche Erquickung und Geborgenheit. Deine Zuversicht und dein Vertrauen werden von Tag zu Tag größer und sicherer. Clemens von Brentano erkannte: „Liebe allein versteht das Geheimnis, andere zu beschenken und dabei selbst reich zu werden.
Du wirst keine Hemmungen haben, dich selbst zu bejahen, dir selbst etwas Gutes zu tun, dir selbst etwas zu gönnen und dich selbst zu lieben. An deinen Fehlern kannst du arbeiten.

Wenn du dich in selbstloser Liebe verausgabst und dem Nächsten in irgendeiner Weise dienst, dann wird dein Leben dir wertvoll werden. Du hast deine Aufgabe und deinen Platz in der Welt. Dies gibt deiner Seele Schwung, Kraft und wahre Lebensfreude.

Der alte Brunnen spendet leise
sein Wasser täglich gleicherweise.
Wie segensreich ist doch solch Leben:
Nur immer geben, immer geben!

Mein Leben soll dem Brunnen gleichen,
ich leb, um andern darzureichen.
Doch geben, geben alle Tage . . .
„Sag, Brunnen, wird dir's nie zur Plage?"

Da sagt er mir als Jochgeselle:
„Ich bin ja Brunnen nur, nicht Quelle!
Mir fließt es zu, ich geb nur weiter,
drum klingt mein Plätschern froh und heiter."

Nun leb ich nach des Brunnens Weise,
zieh stille meine Segenskreise.
Was mir von Christus fließt ins Leben,
das kann ich mühlos weitergeben.

A. Kleemann

Freude ist die starke Feder

Schiller hat in seinem Gedicht an die Freude erwähnt: Freude sei die starke Feder in der ewigen Natur und treibe auch die Räder in der großen Weltenuhr. Freude treibt aber nicht nur die Räder in der Natur, sondern auch in unserem Körper und in unserem Leben. Die Freude ist ein wesentliches Element der Lebensqualität. Sie ist gleich der Sonne, welche alles in Licht taucht und eine wohltuende Wärme entfaltet.

Eigentlich sollte der Mensch seine Klugheit und seine Intelligenz dazu benützen, in erster Linie nach der wahren Freude zu streben und nicht nach Geld, Ruhm und materiellen Gütern. Die Menschen streben schon nach dem Glück, aber sie suchen es meist äußerlich und egoistisch und da zerrinnt und zerplatzt es, wie eine Seifenblase. Das Sprichwort sagt: „Glück und Glas, wie leicht bricht das"! Das liegt einfach daran, daß jeder von außen zugeführten Freude einfach die Dauer fehlt, weil kein Kreislauf vorhanden ist.

Die Freude aber, die von innen kommt, ist fest gegründet und ist beständig. Das dauerhafte Glück hängt also nicht davon ab, daß es Glückssache ist oder du einfach Glück hast, sondern das Glücklichsein kommt von innen her. Das Glück ist kein Geschenk, sondern eine innere Frucht, die du dir selbst geben kannst, wenn du richtig denkst und urteilst, mit dem Bestehenden zufrieden bist und das, was du bist, gut heißt und bejahst. Wenn du ruhig, gelassen, positiv und zuversichtlich bist, wenn du dich nicht dauernd mit dir selbst beschäftigst, sondern einfach handelst. Das, was dir wünschenswert erscheint, sollst du auch tun und sei es noch so gewagt. Wer sich nicht rührt und sich um nichts kümmert, hat bestimmt immer wieder Pech.

Wie deine Vergangenheit auch ausgesehen haben mag, du kannst einfach handeln, wenn dir an einer glücklichen Gegenwart gelegen ist. Wenn du dich erst glücklicher fühlst, kannst du auch wichtigere Dinge anfassen und dein Leben Schritt für Schritt besser gestalten und dich an noch Größeres wagen. Albert Schweitzer sagte: „Das Glück kann man nur multiplizieren, wenn man es teilt."

Ein Leben ohne Freude ist wie ein Leben ohne Farben. Wie die Flammen das Licht hervorbringen, so erzeugt das Licht die Farben. Farben verleihen den Formen einen seelisch erfüllten Klang. Farben sind Kinder des Lichts.

Deine Freude zieht ihre Lichtschwingungen und ihren Klang aus der Dankbarkeit und auch aus dem Bemühen, anderen Freude zu machen und ihnen zum Glück zu verhelfen. Die Freude, die du anderen erweist, kehrt in dein eigenes Herz zurück. Auf diese Weise kommt dann Farbe in dein Leben und sie kann, je nach deinem positiven Denken, Fühlen und Handeln, sogar dein Leben vergolden.

Natürlich gibt es viele Dinge, die dir die Freude verderben können. Hier liegt es an deiner inneren Einstellung, dir die Freude nicht rauben zu lassen. Ärgere dich nicht darüber, daß der Rosenstrauch Dornen trägt, sondern freue dich darüber, daß der Dornenstrauch Rosen trägt. Warum willst du dich unbedingt nur mit den Dornen beschäftigen, den ganzen Rosenglanz dabei vergessen und blind für die Kunst der Natur werden? Wenn du dich genügend von der Schönheit und dem herrlichen Duft der Rosen beeindrucken lassen kannst, dann wirst du doch stark genug sein, auch die Dornen zu verkraften, ohne daß sie dir die Freude nehmen können.

Kritik, Schuld und Angst sind auch Faktoren, die dir die Freude rauben. Deshalb sei auf der Hut und überwinde diese Empfindungen. Wir üben so oft Kritik, aber das Loben üben wir nicht. Wir sagen uns oft nur die negativen Dinge. Wenn du dich bemühst, dem anderen nicht mit Kritik zu begegnen, sondern seine guten Seiten herausfindest und ihm hilfst, diese zu entwickeln, dann wird es euch beiden zur Freude gereichen.

Wie oft ist unsere Seele eingeengt. Das Wort Angst hängt sprachlich zusammen mit Enge. Habe doch keine Angst vor dem Unbekannten, du könntest versagen, andere könnten dich zurückweisen, du könntest nicht genug wissen, nicht genug leisten, nicht genügend Kraft haben, nicht genug Geld haben. Angst entspringt auch dem Gefühl, wertlos zu sein. Erkenne deshalb deinen Selbstwert! Niemand ist so wie du. Lasse dich nicht unterkriegen und denke positiv über die momentane Lage: „Auch das geht vorüber. Wer weiß, wozu das gut ist“. Wenn du deine persönlichen Prüfungen innerlich verarbeiten und bewältigen kannst, wirst du gestärkt aus ihnen hervorgehen.

Selbst schwere Schicksalsschläge, die du vielleicht durchlaufen mußt, sollten dich nicht entmutigen. Sie können dich wachrütteln und ungeheure Energie-, Willens- und Glaubenskräfte in dir freisetzen, wenn du bereit bist, das Negative hinzunehmen, es nicht verdrängen willst und der Wahrheit ins Auge siehst. Bist du unentschlossen und bleibst passiv, kann dich dies allerdings in Depressionen und Verzweiflung stürzen. Deine Entschiedenheit, durch positives Handeln das Negative zu überwinden, kann deine Seelenschmerzen heilen und die Freude wieder in dein Herz bringen.

Entwickle die Gabe, die kleinen Freuden des Lebens zu erkennen und darüber glücklich gestimmt zu sein. Die Freude wird dir dann nie fehlen, weil sie in dir selbst wohnt. Die Freude wird durch deine positive Einstellung und Handlungsweise lichtvolle Farben in dein Leben tragen und jeder Tag kann für dich zu einem Festtag werden.

Freude heißt die starke Feder
In der ewigen Natur.
Freude, Freude treibt die Räder
In der großen Weltenuhr.
Blumen lockt sie aus den Keimen,
Sonnen aus dem Firmament,
Sphären rollt sie in den Räumen,
Die des Sehers Rohr nicht kennt.
Froh, wie seine Sonnen fliegen
Durch des Himmels prächt'gen Plan,
Wandelt, Brüder, eure Bahn,
Freudig, wie ein Held zum Siegen.

Schiller

Erfolg wird dein Begleiter sein

Du hast die Möglichkeit, in deinem ganzen Leben von Erfolg zu Erfolg zu gehen. Hier ist nicht in erster Linie dein materieller Erfolg gemeint, sondern dein geistiger Erfolg. Dein Erfolg der Freude und der Zufriedenheit des Herzens. Wenn dir dieser nicht gelingen sollte, besteht entweder keine Harmonie zwischen dir und deinen angeborenen Fähigkeiten, oder du glaubst nicht, daß dein Erfolg realisierbar ist oder du kannst den Erfolg nicht erkennen.

Bei deiner Reise durchs Leben übernehmen deine Gedanken die Rolle des Steuermanns. Wenn du dich positiv fühlen willst, mußt du auch positiv denken. Vermeide deshalb alle negativen Wörter und Sätze und auch negative Gedankengänge. Betone stets das Positive und stimme dich auch immer positiv ein. Mache es dir zur Gewohnheit, zu deinem Leben ja zu sagen, auch wenn Neinsager und Meckerer dir die Stimmung verderben wollen. In dem Maße, wie du zur realistischen Lösung deiner Krisen beiträgst, wird deine Persönlichkeit reifen und dein Geschick im Lösen von Herausforderungen und Problemen immer mehr zunehmen.

Um Erfolg in deinem Leben zu haben, solltest du auch lernen, in manchen Lagen „nein“ zu sagen. Ein wohlüberlegtes Nein heißt soviel wie: „Ich habe ein Recht darauf, ich selbst zu sein“. Wenn du nicht nein zu sagen lernst, wirst du auch dein „Ja“ oft nicht halten können. Sage auf alle Fälle nein bei gedankenlosen und unangemessenen Forderungen. Wenn du dich unter Druck gesetzt und überfordert fühlst, prüfe dich, ob du nicht vielleicht zu entgegenkommend warst.

Versuche nicht, ein Perfektionist zu werden. Wenn du entschlossen bist, gute Arbeit zu leisten, wirst du es normalerweise auch schaffen. Wenn du aber durch eine perfekte Lösung glänzen willst, wirst du dich wahrscheinlich selbst überfordern und die Sache wird dann schiefgehen. Manchmal haderst du mit Gott, dem Schicksal oder mit deinen Mitmenschen. Letztendlich trägst du doch selbst die Verantwortung für dein Leben. Wenn du an ein glückliches und erfülltest Leben glaubst, wird es dir auch beschieden sein.

Für jeden, auch für dich, ist alles reichlich vorhanden. Sei tief erfüllt von allem, was du tust und werde ein Magnet für ein gesundes Wohlergehen. Mache dir selber Mut und erkenne die geistigen Gesetze. Sei dir immer der unendlichen Kraftquelle im Zentrum deines Wesens bewußt und lasse sie an die Oberfläche strömen, damit sie von dir ausstrahlen kann. So wirst du von Erfolg zu Erfolg gehen und das Leben im Heute bejahen. Du kannst deiner Seele Schwingen und deinem Herzen neue Kräfte geben. Du wirst dadurch sonniger, fröhlicher, gesünder und glücklicher leben.

Sei deshalb von heute ab in jeder Lage, die du auch durchlaufen wirst, positiv eingestellt. Erlebe das „Heute“ mit Freude und Harmonie in der Gewißheit, daß ein freudiges Heute dir die Voraussetzung für ein glückliches Morgen bringt.

Das Beste ist,
wenn du voll und ganz
im Augenblick lebst
und die Zukunft
für sich selbst sorgen läßt;
wenn die Zeit
dafür reif ist,
wird sie sich
wie eine Knospe öffnen.
Jeder Augenblick
ist kostbar,
deshalb verschwende ihn nicht
mit falschem
Denken und Handeln.
Tu, was getan werden muß,
und tue es gleich
und in dem Wissen,
daß nur das Beste
daraus entstehen wird.

Eileen Caddy

Liegt dir Gestern klar und offen,
wirkst du heute kräftig frei,
kannst auch auf ein Morgen hoffen,
das nicht minder glücklich sei.

Goethe

Im gleichen Verlag erschienen:

G. A. Ulmer
Ernährung mit Vernunft
Wer nach einer gesunden Ernährung strebt und sich darüber Klarheit verschaffen will, sollte dieses Buch lesen.

208 Seiten, 29 Abb., 100 Rezepte. ISBN 3-924191-12-3

G. Radke
Reisdiät – Gleichgewichtsdiät mit Aufbaukost
In diesem Buch der erfahrenen Ernährungstherapeutin Gertraud Radke wird die Reisdiät in allen Einzelheiten beschrieben, ebenso auch die Aufbaukost.

120 Seiten, brosch. ISBN 3-924191-43-3

G. A. Ulmer
Die besonderen Heilkräfte von Hafer und Hirse
Hafer und Hirse zeichnen sich durch ihren Reichtum an Vitaminen und Mineralien, Faserstoffen und Spurenelementen nicht nur als Vollwertnahrung, sondern auch als Heilnahrung aus. Kranke mit Schädigungen der Knorpelgelenke und Arthrose haben durch Einnahme von Hirseflocken Hilfe erfahren.

64 Seiten, 13 Grafiken, ISBN 3-924191-46-8

G. A. Ulmer
Gesund und schön durch Heilerde
Heilerde ist auch ein energetisches Mittel und ein ausgezeichnetes Kosmetikum für Haut- und Haarpflege. In diesem Buch werden die wertvollen Wirkstoffe und die vielen Anwendungsmöglichkeiten der Heilerde sowie auch neue Erkenntnisse über Stoffwechselregulierung, Stärkung des Immunsystems und Vermeidung von Allergien aufgezeigt.

80 Seiten, Format 14 × 21 cm, brosch. ISBN 3-924191-51-4

Lotz/Ulmer
Einführung in die Bau- und Wohnökologie
In diesem Buch werden die Bauökologie, ökologische Bauplanung, ökologische Baustoffe, ökologische Haustechnik und Raumausstattung sowie die Zusammenhänge der Wohnökologie verständlich dargestellt.

192 Seiten, brosch., 13 Abb., 57 Grafiken. ISBN 2-924191-20-4

Dr. Sigrid Lechner-Knecht

Kommt und erlebt die Wunderwelt des Waldes

Dieses Buch gibt einen Einblick in die Zusammenhänge der Natur und in unsere gesamte Mitwelt und ist ein Brückenschlag zur Ganzheit der Schöpfung. Im zweiten Teil des Buches sind viele interessante Waldspiele für Kinder.

256 Seiten, brosch., 58 Abb. und Grafiken. ISBN 3-924291-37-9

G. A. Ulmer

Unser Wald darf nicht sterben!

Ein Bildband mit 50 großformatigen Farbaufnahmen und 11 Grafiken. Der Bildband informiert über alle bekannten und noch wenig bekannten wichtigen Einzelheiten zum Thema „Waldsterben".

96 Seiten, brosch., ISBN 3-924191-01-8

G. A. Ulmer

Wirksamer Vogelschutz im Garten und ums Haus

In diesem Buch werden Hinweise gegeben für Nisthilfen und für die Gestaltung eines geeigneten Lebensraumes für Vögel. Ebenso auch für die Winterfütterung. Vogelschutz ist Lebensschutz.

64 Seiten, brosch., 20 Abb. ISBN 3-924191-33-6

G. A. Ulmer

Vom wahren Sinn des Lebens

Anhand biblischer Beispiele wird in diesem Buch der Versuch unternommen, ein Modell für ein neues Denken zu zeigen, das ökumenisch und ökologisch sein muß und die Grundlage für eine Zukunft des Friedens bietet.

128 Seiten, brosch., 178 Abb. ISBN 3-924191-03-4

G. A. Ulmer

Müssen Sie als Christ Mitweltschützer sein?

Hat die Schöpfung noch eine Zukunft? In diesem Buch werden Grundlagen aufgezeigt gemeinsamer Anstrengungen mitweltbewußter Christen als Verwalter von Gottes Schöpfung.

128 Seiten, 25 Abb., brosch. ISBN 3-924191-38-7

Günter Albert Ulmer Verlag · Postfach 40 · 7201 Tuningen